T0097969

SOUL OF NEW YORK

GUIDE DES 30 MEILLEURES EXPÉRIENCES

ÉCRIT PAR TARAJIA MORRELL
PHOTOS DE LIZ BARCLAY
ILLUSTRÉ PAR ABBIE ZUIDEMA

ÉDITIONS JONGLEZ

Guides de voyage

"TOUT SIMPLEMENT,
J'ÉTAIS "AMOUREUSE" DE NEW YORK.
JE NE DIS PAS ÇA À LA LÉGÈRE,
JE VEUX DIRE QUE J'ÉTAIS "AMOUREUSE"
DE CETTE VILLE COMME ON L'EST
D'UN PREMIER AMOUR SANS NE PLUS JAMAIS
AIMER DE CETTE FAÇON ENSUITE."

JOAN DIDION

Décrire New York en 30 expériences ? C'est mission impossible. C'est intrigant. C'est excitant !

En m'efforçant de condenser ma ville en 30 lieux, une tâche finalement difficile, j'ai vite compris que son charme tient autant aux interstices qu'aux lieux iconiques, au voyage qu'à la destination. C'est pourquoi dans ce guide, j'ai souvent regroupé plusieurs lieux en une même "expérience". J'ai aussi dû renoncer à nombre d'entre eux, notamment au restaurant Thái So'n sur Baxter Street, dont le *phô* s'avère être un excellent lot de consolation égayant la journée d'un New-Yorkais pas vraiment ravi d'être convoqué comme juré au tribunal.

À New York, nous avons du caractère et nous tentons sans cesse de soumettre la ville à notre volonté. Mais elle l'emporte toujours, et même si cela nous exaspère, nous ne l'en aimons que davantage.

Comme tous les gamins des années 1980, mon terrain de jeu était Central Park. Au début des années 1990, bravant l'interdiction maternelle, je m'évadais à SoHo (avant sa métamorphose en quartier hyper commercial !). À la fin des années 1990, à Downtown, j'allais dans des restaurants feutrés et des nightclubs désormais passés de mode. La ville évolue sans cesse, s'auto alimentant, changeant de frontières et de forme comme dans *Alice au pays des merveilles* (allez d'ailleurs voir sa statue à Central Park). Elle oscille perpétuellement entre la nostalgie et le progrès. Les New-Yorkais de la première heure sont poussés dehors par la gentrification et les propriétaires immobiliers cupides. Ils sont remplacés par des clones qui espèrent nous leurrer et nous attirer dans des lieux qui nous étaient familiers. Cela me fend le cœur, mais certains endroits mythiques où j'aurais aimé vous emmener ont disparu dans ce tourbillon, à l'image du restaurant El Quijote de l'hôtel Chelsea (où des poètes bohèmes comme Bob Dylan et Leonard Cohen sont descendus) que les promoteurs vont transformer en un lieu hyper luxueux. C'est aussi ça New York, malheureusement.

Ici, dans la rue, le défilé permanent des gens, de la mode, de l'art et du business est aussi hypnotique qu'un spectacle à Broadway. Notre ville se découvre à pied, faites-lui cet honneur si vous le pouvez.

Bien évidemment, ce livre ne montre qu'un aperçu de New York. Mais j'espère vous dévoiler les différentes couches et facettes de cette ville, à la fois vieille et neuve, snob et humble, vibrante, survivante et en perpétuel renouvellement.

Laissez New York vous épuiser, elle vous le revaudra bien !

Tarajia Morrell, auteure

DANS CE GUIDE
VOUS NE TROUVEREZ PAS

- de tartines à l'avocat
- de conseils sur Broadway
- de lieux instagrammables (profitez de l'instant !)

DANS CE GUIDE
VOUS TROUVEREZ

- l'art et la manière de manger une pizza comme un local (attention, sujet polémique)
- l'immeuble d'un peintre précurseur
- une astuce pour réduire votre tour de taille sans faire d'abdos
- des raviolis tibétains cachés derrière une boutique de téléphones
- la carte d'un restaurant historique "féministe"
- des colliers comme ceux de Carrie Bradshaw
- un court de tennis dans une gare

———————

En raison de la pandémie, nous vous conseillons de vérifier les horaires d'ouverture sur les sites internet.

LES SYMBOLES DE
"SOUL OF NEW YORK"

Gratuit

Moins
de 20 $

De 20 $
à 100 $

Plus
de 100 $

Premier arrivé,
premier servi

Sur
réservation

So
New York !

Allez-y en
amoureux

30 EXPÉRIENCES

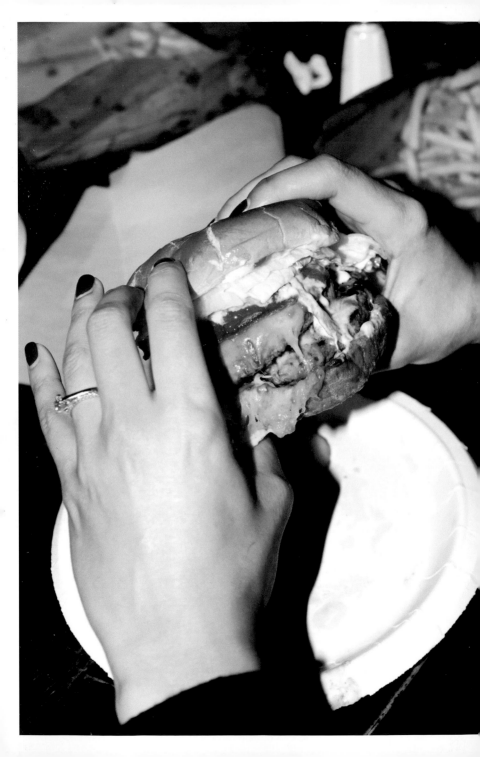

MANGER UN VRAI BURGER
"UNDERGROUND"

Ce ne sont pas les raisons de venir à Midtown qui manquent : une envie de shopping à assouvir sur la 5e Avenue, le MoMA, un peu de patinage au Rockefeller Center sous l'immense sapin de Noël, un opéra au Lincoln Center ou une comédie musicale à Times Square... Mais rien de plus satisfaisant que de pénétrer dans le très chic lobby de l'hôtel Parker, d'y apercevoir une enseigne lumineuse et de se laisser guider par le fumet du bœuf grillé jusqu'à l'un des meilleurs burgers de New York. Ici on vient pour le burger parfait à l'américaine dans une salle aux faux airs de bunker déguisé en club-house punk.

Comme on adore mélanger les styles, on vous conseille de commencer par un apéro ultra-sélect dans le spot le plus huppé de Midtown : The Grill, un restaurant conçu par Mies van der Rohe, où naissent littéralement les tendances. Enchaînez avec le Burger Joint pour un cheeseburger parfait sans fioritures.

 THE BURGER JOINT
THE PARKER HOTEL
119 WEST 56TH ST, NEW YORK, NY 10019

+1 (212) 708 7414   burgerjointny.com

THE GRILL
THE SEAGRAM BUILDING
99 EAST 52ND ST, NEW YORK, NY 10022

+1 (212) 375 9001

thegrillnewyork.com

SHOPPING
SUR-MESURE

Quartier autrefois rempli d'ateliers de couture et de magasins de tissus et habité par les immigrants qui y travaillaient, le Lower East Side reste notre lieu préféré pour dénicher des articles sur mesure.

Ces messieurs en quête d'un costume trouveront leur bonheur chez Freemans Sporting Club. C'est à cette boutique pour hommes que l'on doit le style bûcheron, mais on y prendra aussi vos mesures pour un smoking. Sinon, rabattez-vous sur une veste ou un bonnet rustique-chic de leur collection...

Et oui, les tailleurs de Freemans se feront aussi un plaisir de prendre les mesures de ces dames.

 FREEMANS SPORTING CLUB
8 RIVINGTON ST
NEW YORK, NY 10002

+1 (212) 673 3209   freemanssportingclub.com

D'ailleurs mesdames, si vous avez toujours voulu parfaire votre silhouette sans passer par la case abdos, rendez-vous chez Orchard Corset qui sublime toutes les femmes depuis 1968. La propriétaire, Peggy Bergstein, promet de vous faire perdre au moins 10 cm de tour de taille grâce à ses corsets. La boutique n'a pas changé en cinquante ans, elle est restée modeste même si elle compte parmi ses clientes des célébrités comme Madonna et Lizzo qui passent le pas de la porte pour avoir une taille de guêpe "100 % naturelle".

 ORCHARD CORSET
157 ORCHARD ST
NEW YORK, NY 10002

+1 (212) 874 0786

PASSER UN MATIN PARFAIT
À HARLEM

Parlons peu mais parlons bien : l'âme de New York se trouve à Harlem, et pas question de visiter la ville sans y faire un tour. Entre deux repas dans les restaurants mythiques de Harlem, une visite s'impose au Studio Museum of Harlem, axé sur des œuvres d'artistes d'origine africaine, ou encore au Schomberg Center for Research in Black Culture.

Sylvia's, le restaurant dont les plats réchauffent le cœur du matin au soir depuis 1962, est une institution (goûtez notamment ses *grits* onctueux). Juste à côté, chez le chef Marcus Samuellson, Red Rooster Harlem est une ode aux nombreuses traditions culinaires du quartier dans une ambiance haute en couleurs.

SYLVIA'S
328 MALCOLM X BLV
NEW YORK, NY 10027

+1 (212) 996 0660   sylviasrestaurant.com

CHARLES' COUNTRY PAN FRIED CHICKEN
340 WEST 145 ST (AU COIN DE L'EDGECOME AVE)
NEW YORK, NY 10039

+1 (212) 281 1800

Mais surtout, ne manquez pas Charles' Country Pan Fried Chicken, petit resto sans chichis qui vient de faire peau neuve sur West 145th Street. Né dans une plantation du Sud, le propriétaire Charles Gabriel fait du poulet frit à New York depuis 1965. Et un poulet frit de folie, si vous voulez notre avis. Pour digérer le repas que vous avez forcément accompagné de patates douces (un must !), flânez direction le sud en passant devant l'Apollo Theater et l'hôtel Theresa. Destination finale : Harlem Haberdashery, dont la ligne de vêtements vaut le détour.

LA PIZZA
DE VOTRE VIE

Notre ville adore les pizzerias. Il y en a à tous les coins de rue, de la pizzeria à la part (les *slice shops*) aux pizzerias haut de gamme. Mais aucune n'arrive à la cheville de Roberta's.

Roberta's, c'est la quintessence de la communauté d'artistes hipsters dont elle est issue. Le lieu est resté le même depuis son ouverture en 2008 à Bushwick : une constellation de graffitis, un four à bois, des tables de pique-nique, un bar hawaïen et un jardin en friche.

En douze ans, Roberta's s'est développée et a aussi ouvert Blanca – un restaurant doublement étoilé situé de l'autre côté du jardin – dont on trouve les pizzas au rayon surgelé des supermarchés.

En dévorant votre *morcilla* avec de la poire et une pizza "Cowabunga Dude" sur fond de rock pendant que des foodies animent une radio culinaire en direct depuis le studio qui donne sur la salle du resto, on se dit que cette ambiance, c'est ce qui fait le sel de ce spot et qu'elle est impossible à reproduire chez soi.

 ROBERTA'S
261 MOORE ST
BROOKLYN, NY 11206

+1 (718) 417 1118   robertaspizza.com

MANGER UNE TRANCHE DE PIZZA
COMME UN NEW-YORKAIS

Les *slice shops*, surnom affectueux que les New-Yorkais donnent aux pizzerias toutes simples où on achète des pizzas à la part, sont aussi nombreux et indispensables à la ville que les *delis* (épiceries fines). On les trouve à chaque pâté de maison et ils sont la pierre angulaire de l'alimentation des New-Yorkais.

Parfaites pour se mettre en jambe avant une soirée de fête, pour reprendre des forces en rentrant d'une nuit de folie et pourquoi pas pour le petit déj' en mode gueule de bois, nos parts de pizzas sont la clé pour survivre avec un petit budget dans cette métropole insensée.

Si vous voulez passer pour un local, voici comment dompter votre part :

(NB : cette méthode fait débat)

LE SURF
À LA NEW-YORKAISE

Notre station balnéaire à nous, Rockaway, est proche du centre en voiture ou en métro (ligne A). Anna Polonsky, fondatrice du cabinet Polonsky & Friends, et Fernando Aciar, céramiste et créateur de l'OStudio et de l'OCafé, nous donnent tous leurs conseils pour profiter de Rockaway comme un vrai New-Yorkais. Allez à la plage, l'ambiance y est phénoménale même en hiver !

1. Pour une jolie balade, remontez le quai à partir de Beach 67th St.

2. Uma's : bons petits plats ouzbèkes.
   92-07 Rockaway Beach Blvd

3. Tacoway Beach* : c'est ici qu'est née la légende de Rockaway !
   Surf Club, 302 Beach 87th St

4. Whit's End : pizzas au feu de bois et bonne bouffe chez le chef local Whitney Aycock.
   97-02 Rockaway Beach Blvd (règlement en espèces uniquement)

*Uniquement à la belle saison.

5. La Fruteria* : pour des smoothies à l'avocat.
Rockaway Beach Club, Beach 97th St

6. La Cevicheria* : la meilleure de la ville !
97-01 Shore Front Pkwy, Beach 97th St

7. Goody's : une cuisine jamaïcaine à tomber !
7018 Amstel Blvd, Arverne

8. Rippers* : rock'n'roll et burgers classiques.
8601 Shore Front Pkwy, Beach 86th St

9. Rockaway Brewing Co. : microbrasserie qui propose une carte qui tourne souvent et des soirées qui claquent.
415 B 72nd St, Arverne

10. Rockaway Beach Bakery : les croissants jambon-fromage et les brownies sont une tuerie !
87-10 Rockaway Beach Blvd

11. Cuisine by Claudette : on adore son gâteau à la banane et ses *açaí bowls.*
190 Beach 69th St, Arverne

12. Caracas* : les meilleures *arepas* de NY !
106-01 Shore Front Pkwy

13.a. Edgemere Farm* : fruits, légumes, miel et produits bio.
385 B 45th St

13.b. Edgemere au marché : tous les week-ends, toute l'année.
3-23 Beach 74th St, Far Rockaway, NY 11692

14. Depuis la marina de la 72e rue, faites une croisière dans la baie (venez au coucher du soleil !).

15. The Castle Rockaway : chambres, soirées, pop-ups, ateliers ++ !
Beach 117th St

---

*Uniquement à la belle saison.

LE MEILLEUR COURS
DE DANSE DU MONDE

New York ne fait pas de cadeau. Au quotidien ou en voyage, cette ville est épuisante. Pour ne pas devenir dingue, l'antidote, c'est The Class by Taryn Toomey, pour évacuer toute votre frustration, vous défouler et vous tonifier le fessier dans la foulée.

La fondatrice Taryn Toomey encourage le lâcher-prise : grognez, hurlez et préparez-vous à en baver. Les top models Gisele Bundchen et Christy Turlington sont des habituées de The Class, qui mêle yoga, gym suédoise, pliométrie (enchaînement d'étirements et de contractions rapides des muscles destiné à augmenter sa puissance musculaire) et aérobic. Dans une ambiance sonore au top, Toomey nous bouscule pour notre bien avec des sauts, du gainage et de la respiration profonde qui décrassent le cœur, le corps et l'esprit...

État de sortie : gonflée à bloc et prête à en découdre avec une nouvelle journée à New York.

THE CLASS
22 PARK PLACE, 3ᴱ ÉTAGE
NEW YORK, NY 10007

Réservation obligatoire en ligne	theclass.com	Enfilez des baskets et venez tôt
		35 $

CROQUER
DANS UN *BO SSÄM*

Personne n'aura autant marqué la cuisine asio-américaine et la scène culinaire de l'East Village que le chef-entrepreneur David Chang et son empire Momofuku. Les plats de la carte haute en couleur se mangent la plupart du temps avec les doigts.

Imaginez un peu : une énorme épaule de porc de 7 heures, nappée d'une sauce au sucre roux qui dévoile volontiers une viande tendre et juteuse... C'est la star du *ssäm* à faire soi-même, un wrap de salade à la coréenne avec du *kimchi*, de la sauce barbecue et de la sauce oignon vert-gingembre. À votre table, six à dix amis affairés à déguster leur *ssäm* et des huîtres, entre deux bouteilles de Riesling et de Beaujolais. C'est le bonheur.

NOTRE CONSEIL : retrouvez-vous entre copains autour d'une large tablée, commencez par une bouchée de jambon vieilli à la mayo café-*sriracha* puis attaquez les *ssäm* garnis de porc, de canard ou de crabe.

 MOMOFUKU SSÄM BAR
89 SOUTH STREET, PIER 17
NEW YORK, NY 10038

+1 (212) 254 3500   ssambar.momofuku.com

UN CINÉMA
UNIQUE EN SON GENRE

Le New-Yorkais Alexander Olch ne rêvait que d'une chose : créer un cinéma vintage dont la salle et la programmation seraient une ode au glamour de l'âge d'or d'Hollywood. Aller au Metrograph, c'est rêver éveillé.

Chaque soir sans exception, le Metrograph projette des monuments du cinéma : classiques contemporains comme les films de Paul Thomas Anderson, chefs-d'œuvre intemporels comme *E.T.* de Spielberg, grands noms comme Godard, Preminger, Wilder et Kubrick, ou petits nouveaux qui changent la donne comme Noah Baumbach et Spike Jonze. Toute la programmation du Metrograph est choisie avec amour et projetée en 35 mm, le format par excellence du septième art (sauf si le film a été tourné en numérique).

Metrograph incarne ce que New York sait faire de mieux : se renouveler encore et encore en prenant des risques pour préserver la culture et nous donner un futur qui en vaut la peine.

NOTRE CONSEIL : faites vous une toile au Metrograph puis clôturez la soirée en dînant au Metrograph Commissary.

METROGRAPH
7 LUDLOW ST
NEW YORK, NY 10002

+1 (212) 660 0312   metrograph.com

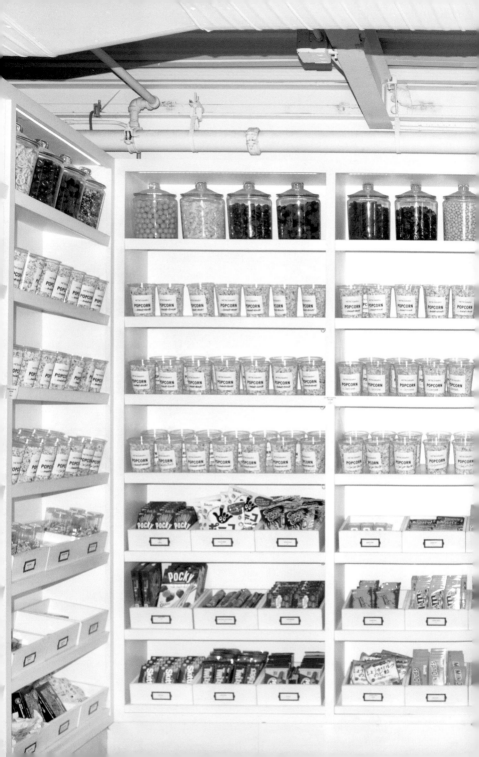

LES IMMANQUABLES
DE WILLIAMSBURG

Pour poser vos bagages à Brooklyn, rien de tel que le Wythe, une ancienne usine de 1901 reconvertie en hôtel à Williamsburg. Inutile d'être client de l'hôtel pour entrer dans ses deux bars-restaurants, Lemon's et Le Crocodile, qui, avec leur cuisine d'exception et leur ambiance chaloupée, font du Wythe le lieu parfait pour se poser.

Pas question de venir à Williamsburg sans prendre l'apéro au Achilles Heel à Greenpoint, l'un des meilleurs bars au monde. Au Bathhouse, vous êtes plutôt hammam, sauna ou massage ? Chinez dans les rayons vintages du Beacon's Closet ou de Narnia Vintage, notre chouchou pour ses collections triées sur le volet. Allez voir un concert insolite dans un bâtiment conceptuel au National Sawdust ou à l'Union Pool. Réservez votre dîner dans un resto italien divin, Lilia (prenez les *Mafaldini* !), ou dans un bar à vins bios étoilé Michelin, The Four Horsemen (un bon plan aussi pour le déjeuner). Pas de réservation ? Direction le Diner, le resto qui était là avant tout le reste. Et si après ça vous êtes toujours d'attaque, foncez au Baby's All Right pour de la musique live et une ambiance de feu.

WYTHE HOTEL
80 WYTHE AVE
BROOKLYN, NY 11249

+1 (718) 460 8000   wythehotel.com

IT : WYTHE HOTEL

T : WYTHE HOTEL

NATIONAL SAWDUST
80 NORTH 6TH ST
BROOKLYN, NY 11249

+1 (646) 779 8455

nationalsawdust.org

BATHHOUSE
103 N 10TH STREET
BROOKLYN, NY 11249

 ou

+1 (929) 489 2284 | abathhouse.com

NARNIA VINTAGE
672 DRIGGS AVE
BROOKLYN, NY 11211

+1 (212) 979 0661 | narniavintage.com

LILIA
567 UNION AVE
BROOKLYN, NY 11222

+1 (718) 576 3095   lilianewyork.com

CRÉDIT : THE JANE HOTEL

CRÉDIT : THE JANE HOTEL

LA PLUS PETITE CHAMBRE
D'HÔTEL DE NEW YORK

Évidemment, si vous avez un budget illimité, vous pouvez descendre au Carlyle, au Bowery ou au Greenwich Hotel. Mais si les temps sont durs, l'hôtel The Jane est fait pour vous : bienvenue dans un ancien refuge de marins au cœur de West Village, à deux pas de la Highline et du tout nouveau musée Whitney. En 1912, c'est ici que les survivants du Titanic furent hébergés. Dans les années 1980-1990, c'était l'épicentre de la culture bohème et de la vague rebelle rock. Aujourd'hui, The Jane est devenu le spot tendance des voyageurs à petit budget, avec de minuscules dortoirs façon cabines de navire. Dans les salles de bains communes, tapez la discute avec des inconnus en vous brossant les dents. Et malgré la petite taille des chambres, la salle de bal accueille certaines des soirées les plus hype de Downtown. The Jane, c'est l'endroit idéal pour les voyageurs fauchés mais stylés... C'est ça, l'esprit New York.

THE JANE HOTEL
113 JANE ST
NEW YORK, NY 10014

+1 (212) 924 6700   thejanenyc.com

CRÉDIT : THE JANE HOTEL

OH,
HAPPY DAYS !

A. HAPPY DAY N°1, DOWNTOWN-WESTSIDE

Commencez votre journée parfaite à Downtown Westwide avec un sandwich 'Bodega' chez High Street on Hudson puis promenez-vous sur la Highline jusqu'à Chelsea et flânez dans les galeries d'art entre la 18e et la 26e rue. Revenez jusqu'à la 10e rue Ouest par la 9e Avenue, passez faire une razzia de produits de beauté chez CAP Beauty Daily ; déjeunez chez Via Carota avant de rendre hommage à ceux qui ont lutté pour les droits des homosexuels à Stonewall. Dans Washington Square Park, régalez-vous du spectacle de la rue. Saluez le buste de Sylvette, une statue de Picasso entre les tours d'I.M. Pei. Pour un peu de culture, rechargez vos batteries au calme au Drawing Center à SoHo avant d'aller dîner chez Frenchette.

FRENCHETTE
241 W BROADWAY
NEW YORK, NY 10013

+1 (212) 334 3883

frenchettenyc.com

B. HAPPY DAY N°2, EAST VILLAGE ET LOWER EAST SIDE

Partez du bon pied avec des pâtisseries et un café chez Abraço. Ensuite, les bibliophiles fileront chez Dashwood Books (Great Jones Street) ou Bonnie Slotnick Cookbooks, une librairie lilliputienne avec une collection ahurissante de livres de recettes. Besoin de souvenirs ? Allez du côté de John Derian sur la 2ᵉ rue Est, puis flânez dans Bowery jusqu'au New Museum. Si vous avez soif, allez prendre un cocktail au bar du Freeman's, le restaurant à qui l'on doit la tendance déco des ampoules Edison et des trophées de chasse. Pour le dîner, direction le bar à vins bios Wildair, puis le Ten Bells s'il vous faut plus de carburant. Jukebox, billard et cocktails vous attendent jusqu'au bout de la nuit au Lucy's sur A Avenue.

DASHWOOD BOOKS
33 BOND ST A
NEW YORK, NY 10012

+1 (212) 387 8520   dashwoodbooks.com

LES CHEFS IÑAKI AIZPITARTE, JEREMIAH STONE (CONTRA, WILDAIR & PEOPLES) ET PAUL BOUDIER

FAIRE SON MARCHÉ
COMME UN CHEF

New York est une jungle urbaine, on est d'accord. Mais au-delà de la banlieue, des agriculteurs travaillent dur. Ce sont eux les vrais héros de la scène culinaire de la ville. Ce sont eux qui fournissent nos meilleurs chefs et de nombreux New-Yorkais qui résistent encore et toujours à la malbouffe. Races de porc locales, poulets sans hormones, aubergines à tomber, prunes en juillet, curcuma et chou chinois en décembre : tout ça, c'est grâce à eux.

Jusqu'à l'avènement des circuits courts dans les années 1970, manger n'importe quoi n'importe quand était un signe extérieur de richesse aux États-Unis. Les choses ont bien changé. Maintenant, manger les meilleurs produits frais de saison, cultivés et élevés de façon éco-responsable, est réservé aux plus priviliégiés.

 **UNION SQUARE GREENMARKET
UNION SQUARE
MANHATTAN**

grownyc.org

13

ÉCOUTER DU JAZZ
AVEC LE FANTÔME
DE MILES DAVIS

Si les murs du Village Vanguard pouvaient parler, ils en racon-
teraient des histoires sur les grands noms qui y sont passés
depuis son ouverture en 1935 ! Miles Davis, Thelonius Monk,
Charles Mingus, Stan Getz, Bill Evans, tous les plus grands
ont honoré ce petit sous-sol de West Village de leurs
improvisations envoûtantes.

THE VILLAGE VANGUARD
178 7TH AVE S
NEW YORK, NY 10014

+1 (212) 255 4037   villagevanguard.com

L'ARCHITECTURE
ICONIQUE

LE BROOKLYN BRIDGE

LES NATIONS UNIES

LE MUSÉE GUGGENHEIM

L'OCULUS

LE CHRYSLER BUILDING

L'EMPIRE STATE BUILDING

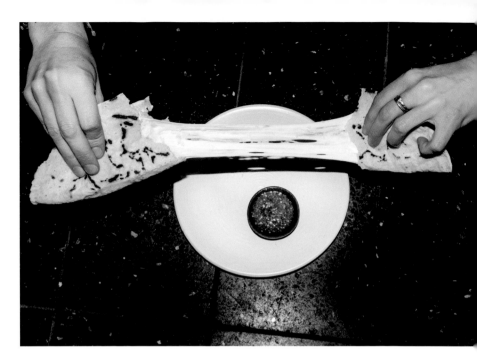

ATLA
372 LAFAYETTE ST
NEW YORK, NY 10012

+1 (347) 662 3522   atlanyc.com

LE BRUNCH,
UNE PHILOSOPHIE

Pour nous comme pour Atla, l'intérêt du brunch tient plus à l'épicurisme qu'à la multiplication des Bloody Mary, au burger ou au plat de pâtes préparé à la perfection qu'à dix sortes d'œufs et de bellinis dégustés lors d'une fiesta en plein jour.

Le brunch idéal, c'est une balade romantique à vélo ou main dans la main avec son amoureux pour aller manger quelques tapas en flirtant, ou simplement un moment assis au comptoir à siroter un verre de vin avant d'aller voir une expo ou un film. Mais même sans amoureux, le brunch reste l'occasion de se faire plaisir en bonne compagnie ; il ponctue un après-midi à papoter, flâner, chiner et lézarder.

UN *OMAKASE*
EXCENTRIQUE

L'un des meilleurs restos *omakase* (au goût du chef) de New York est là où on ne l'attend pas. Il est au cœur de Chinatown, au-dessus d'une *izakaya* et du bar à cocktails Straylight. Ambiance : trip psychédélique inspiré de l'art brut et des travaux de l'architecte Buckminster Fuller, le tout signé par deux artistes primés, Jonah Freeman et Justin Lowe.

Cette pépite du chef Kazuo Yoshida vaut le détour (et l'addition). Avec sa personnalité exubérante, ses cheveux fluos et son penchant pour les appellations *street style* qui claquent, Yoshida, originaire de Nagasaki, met en scène un splendide ballet de sushis faits de sériole, de sardine tachetée ou de thon gras, pour finir par une dégustation verticale d'oursin, son préféré.

Et s'il vous propose de goûter à quelque chose d'insolite comme du sperme de morue, dites OUI, c'est tout. Faites-lui confiance !

 JUKU
32 MULBERRY ST
NEW YORK, NY 10013

+1 (646) 590 2111   jukunyc.com

LE TRIO GAGNANT
DE CHINATOWN

Ô Chinatown, tes étals de poulpes et de durian qui débordent sur les trottoirs, tes riverains sans âge qui crachent par terre, tes salons de massage, tes centres commerciaux chinois et évidemment tes restaurants... ! Pas de visite de New York sans une incursion dans ce quartier un peu poisseux, habité depuis un siècle par des immigrants venus dans notre belle ville en quête d'une vie meilleure. On y trouve des chaussons chinois en velours, des milliards de babioles asiatiques, des faux sacs Vuitton et Gucci et certains des meilleurs restaurants de la ville. Royal Seafood, Golden Unicorn, Oriental Garden et Jin Fong sont des valeurs sûres. Mais le trio gagnant de cette expérience, c'est un déjeuner chez Dim Sum Go Go, un massage du cuir chevelu et un brushing au salon Mian Tian et du bling-bling chez New Top Jewelry.

DIM SUM GO GO
5 E BROADWAY
(ENTRE CATHERINE ST & CHATHAM SQ)
NEW YORK, NY 10038

+1 (212) 732 0797   dimsumgogo.com

- À goûter absolument chez Dim Sum Go Go : les raviolis au canard, champignons et crevette-ciboulette, le gâteau de navet ou les noix glacées au miel et à la ciboulette.

- Au salon de coiffure Mian Tian (170 Canal Street, 2e étage), on adore la formule "Shampoo/Blow/Style". 10 minutes de massage des épaules et du cou, 5 minutes de massage/shampooing dans le fauteuil et 10 minutes de massage/shampooing au bac et brushing : pas mal pour 15-25 $.

- Les ados branchées vont chez New Top Jewelry pour trouver des créoles, des pendentifs et des colliers avec leur prénom à la Carrie Bradshaw. Dites à Jane que vous venez de notre part.

NEW TOP JEWELRY
185 CENTRE ST
NEW YORK, NY 10013

+1 (212) 226 8159

JOUER AU TENNIS
DANS UNE GARE CENTENAIRE

La visite de la gare Grand Central est un incontournable "So New York", une merveille de style Beaux-Arts à Midtown. Admirez les constellations de sa coupole, trouvez sa Galerie des murmures et... finissez par une petite partie de tennis sur ses courts secrets au 4e étage.

Le Vanderbilt Tennis Club est caché dans les anciennes galeries d'art de la gare, fondées notamment par John Singer Sargent et ouvertes de 1922 à 1952. On y trouve désormais deux courts (l'un pour les amateurs, l'autre pour les tennismen confirmés) où tout le monde peut jouer, à condition de réserver et de payer.

 VANDERBILT TENNIS CLUB
15 VANDERBILT AVE (4E ÉTAGE)
NEW YORK NY 10017

+1 (212) 599 6500
Uniquement sur réservation

vanderbilttennisclub.com

DÉVORER LES
APPETIZERS DE RUSS

En 1935, Russ n'a pas de fils mais trois filles et une entreprise florissante. Il scandalise en s'associant à ses filles et en baptisant l'épicerie familiale Russ & Daughters (Russ & Filles). C'est la première entreprise américaine à franchir ce cap.

Aujourd'hui, la famille Russ continue à montrer aux New-Yorkais (et aux nombreux visiteurs) ce qu'est un *appetizing store*. On doit le charmant Russ & Daughters Cafe sur Orchard Street à la quatrième génération de Russ, Josh Russ Tupper et Niki Russ Federman. Le restaurant rencontre un succès fou grâce à sa cuisine juive maison, constellée de touches créatives. On adore le "Super Heebster", une salade de poisson blanc et de saumon avec caviar de wasabi. Josh et Niki perpétuent également la tradition familiale avec leurs comptoirs au Jewish Museum à Uptown et à la Navy Yard de Brooklyn.

RUSS & DAUGHTERS CAFE
127 ORCHARD ST
NEW YORK, NY 10002

+1 (212) 475 4880 ext. 2   russanddaughterscafe.com

- JOSH RUSS TUPPER ET NIKI RUSS FEDERMAN -

PROPRIÉTAIRES DE RUSS & DAUGHTERS, PREMIÈRE ENTREPRISE AMÉRICAINE À AVOIR AJOUTÉ "& FILLES" À SON NOM IL Y A QUATRE GÉNÉRATIONS

Vous vous qualifiez d'*appetizing store*. Vous pouvez préciser ?

NIKI: L'*appetizing store*, c'est un symbole culinaire de New York. C'est une tradition née ici, avec les immigrants juifs. L'appellation s'est perdue mais nous faisons tout pour la ressusciter ; elle est propre à notre ville.

JOSH: L'*appetizing store* est le cousin du *deli*, ou Delicatessen. Il vend de la viande, nous vendons des produits laitiers, du poisson fumé et séché.

L'*appetizing store*, c'est le traiteur où l'on trouve de quoi garnir ses bagels !

Depuis 1920, Russ & Daughters est une institution. Mais faire perdurer une entreprise familiale n'est pas de tout repos à New York. Vous vous êtes déjà demandé si vous alliez y arriver ?

J: Bien sûr. Il y a toujours des obstacles. Surtout quand on s'est engagé à ouvrir un restaurant sans savoir comment ouvrir un restaurant !

N: L'échec n'est pas envisageable. Il y a tout l'héritage des générations précédentes et nos clients, les New-Yorkais. Nous ne voulons pas être la génération qui a tout gâché. Nous nous inspirons sans cesse de notre boutique de East Houston Street. Elle est notre point d'ancrage, elle donne un sens à ce que nous faisons.

J: Nous devons penser à long terme.

Ni l'un ni l'autre n'aviez prévu de reprendre l'affaire familiale. Quel a été le déclic ?

N: J'ai grandi en ayant conscience du caractère unique de cette boutique. Où que j'aille, si Russ & Daughters arrive dans la conversation, mon interlocuteur se fend toujours d'une anecdote, l'air ravi. En ressentant l'affection des clients, j'ai compris qu'il s'agissait de quelque chose de précieux, d'une tradition que je souhaitais perpétuer.

Selon vous, quel lieu ou quelle expérience incarne le plus l'âme de New York ?

J: Le bar Freemans entre 2003 et 2006 quand Yana y était

mixologue, à 18 h le mercredi.

N: Jeremiah Stone et Fabian von Hauske, les chefs de Contra et Wildair sur Orchard Street pour leur parcours dans ce quartier, leur succès, ce que New York représente pour eux et la possibilité de réaliser leurs rêves.

BEMELMANS BAR
THE CARLYLE (ENTRÉE SUR MADISON AVE)
35 EAST 76TH ST
NEW YORK, NY 10021

+1 (212) 744 1600   rosewoodhotels.com

PRENDRE L'APÉRO
AU CARLYLE

Le Bemelmans est un illustre bar Art déco au rez-de-chaussée de l'hôtel Carlyle. Aux murs, on peut admirer les seules fresques publiques restantes de Ludwig Bemelmans, auteur de la série de livres pour enfants *Madeline*.

Et à chaque fois qu'on y va, c'est le petit coup de stress. Va-t-on avoir une table ? Qui va-t-on croiser ?

On s'assoit, on sirote la première gorgée d'un gigantesque Martini. Notre cœur manque un battement quand le pianiste s'approche de son instrument et se met à jouer. Le mieux pour vivre cet instant, c'est d'arriver juste avant que la musique ne commence (tous les jours à 17 h 30), avant de se laisser envoûter par le piano ponctué de discussions à voix basse et du tintement des verres. La musique et l'alcool font bientôt effet. Autour de nous, des BCBG de l'Upper East Side, des mondains, parfois une célébrité, un grand éclat de rire...

Si nous sommes ici, c'est pour apprécier la musique dans une ambiance dorée et savourer les histoires qui se trament sur et entre les murs.

FAIRE UN CADEAU
DE NEW-YORKAIS

Paula Rubenstein a le chic pour trouver la perle rare, le trésor unique en son genre qu'un brocanteur moins averti aurait ignoré. Ça tombe bien, elle chine à notre place. Sa boutique éponyme sur Christie Street est une vraie caverne d'Ali Baba dont les trésors joliment patinés – tableaux, tissus, meubles, livres et curiosités anciennes – racontent mille et une histoires.

John Derian Company sur la 2ᵉ rue est un concept store pour les New-Yorkais en quête du cadeau idéal. On y trouve les céramiques françaises Astier de Villatte et les gravures décalées de Hugo Guinness, dont le New York branché raffole. Mais ne manquez

PAULA RUBENSTEIN
195 CHRYSTIE ST
NEW YORK, NY 10002

+1 (212) 966 8954 | paularubenstein.com

JOHN DERIAN COMPANY
6 EAST SECOND ST
NEW YORK, NY 10003

+1 (212) 677 3917   johnderian.com

surtout pas sa gamme star, des presse-papiers, assiettes et plateaux dont les illustrations proviennent de catalogues botaniques et de prospectus des XVIIIe et XIXe siècles.

Coming Soon est le bébé délicieusement excentrique de Fabiana Faria et Helena Barquet. Elles ont l'œil pour proposer des céramiques faites main, des tapis colorés, des meubles anciens et de la déco éclectique. Pots de fleurs en granito, tasses en porcelaine pastel, encens et objets colorés rigolos attendent les fans d'esthétique contemporaine.

 COMING SOON
53 CANAL ST
NEW YORK, NY 10002

+1 (212) 226 4548   comingsoonnewyork.com

LA CAPSULE
DE DONALD JUDD

Avec toutes ses enseignes de luxe, ses hôtels boutiques et ses restaurants animés, difficile d'imaginer qu'avant SoHo était une friche gangrenée par le crime, où artistes et squatteurs se partageaient d'anciennes fonderies. De nos jours, bien peu peuvent se payer un appartement dans ce quartier ultra-chic. Mais en 1968, Donald Judd, artiste emblématique alors en pleine heure de gloire, y acheta le 101 Spring Street pour 68 000 $ afin d'y vivre et y travailler avec sa famille.

Donald Judd's Home and Studio est une capsule temporelle qui offre un aperçu exclusif de son espace créatif, serein et préservé et qui explique comment il vivait avec ses œuvres et celles de ses contemporains. On découvre aussi le cycle des réincarnations de nos quartiers qui, reconvertis par des artistes, passent de friches industrielles à des hubs créatifs, avant de subir la gentrification. C'est un voyage fascinant dans le temps, le travail, l'inspiration et le succès.

 DONALD JUDD FOUNDATION
101 SPRING ST
NEW YORK, NY 10012

Réservation obligatoire	juddfoundation.org/visit/new-york	25 $ / personne 15 $ pour les étudiants et les seniors, sur justificatif

LE RESTO THAÏ
ÉTOILÉ

En décidant d'ouvrir Uncle Boons, restaurant étoilé inspiré de la gastronomie traditionnelle thaïlandaise, les chefs Ann Redding et Matt Danzer espéraient réussir, mais rien ne les aurait préparés à la dévotion bien méritée de leurs habitués. Uncle Boons a beau avoir fermé ses portes à cause de la pandémie, c'est son petit frère le Thai Diner qui prend la relève, et c'est toujours un succès.

Du matin au soir, on brave la file d'attente pour se régaler de *larb* d'agneau, d'émincé de foie de poulet épicé, de *massaman neuh* et de *khao soy*, le tout arrosé de granités à la bière ou de vins et cocktails ludiques dans une ambiance décalée. Une recette gagnante, à finir absolument avec un sundae coco.

THAI DINER
203 MOTT ST
NEW YORK, NY 10012

+1 (646) 850 9480 thaidiner.com

ÉCOUTER DU SLAM
AU NUYORICAN CAFÉ

Du Nuyorican, le poète beatnik Allen Ginsberg disait qu'il était "l'endroit le moins ségrégué de la planète", et ô combien il avait raison. Quand un énième gratte-ciel vient changer le visage de la ville et que nous redoutons de voir disparaître le vieux New York – le vrai New York –, direction le Nuyorican dans l'East Village. Cet antre historique remet les pendules à l'heure avec des soirées Open Mic où des artistes de tous les horizons viennent sur la scène mettre leur âme à nu. Ambiance : chansons, slams et hip hop sous les encouragements du public.

C'est l'une des expériences les plus exaltantes à New York où l'argent prend trop souvent le pas sur la créativité et l'authenticité. Avec en prime la possibilité de voir les futures stars de demain.

NUYORICAN
236 EAST 3RD ST
NEW YORK, NY 10009

Conseil : achetez vos tickets à l'avance en ligne, la salle se remplit vite !

+1 (212) 780 9386

Pour plus d'informations et les réservations, allez sur leur site nuyorican.org

LES MEILLEURS SPOTS
POUR UN JOGGING
À CENTRAL PARK

Central Park, c'est le cœur de Manhattan.

Pour survivre à la jungle de béton, il nous faut de la verdure, du calme, du répit. Les concepteurs Frederick Law Olmsted et Calvert Vaux entamèrent Central Park en 1857 et il fallut vingt ans de travaux et des vagues d'expropriation de ces terres agricoles pour en venir à bout. C'est aussi ça l'histoire de New York...

Désormais, l'été on vient bronzer sur Sheep's Meadow et l'hiver on brave la neige pour aller patiner. Mais c'est surtout pour les petits riens du quotidien – la balade entre amis, le pique-nique en amoureux, les concerts et surtout, le calme – que tant d'entre nous chérissent ces 341 hectares de verdure.

Pour découvrir nos spots préférés pour flâner ou courir en s'entendant penser, tournez la page...

 CENTRAL PARK
DE 59TH STREET À 110TH STREET ET
ENTRE 5TH AVENUE ET
CENTRAL PARK WEST, MANHATTAN

CENTRAL PARK

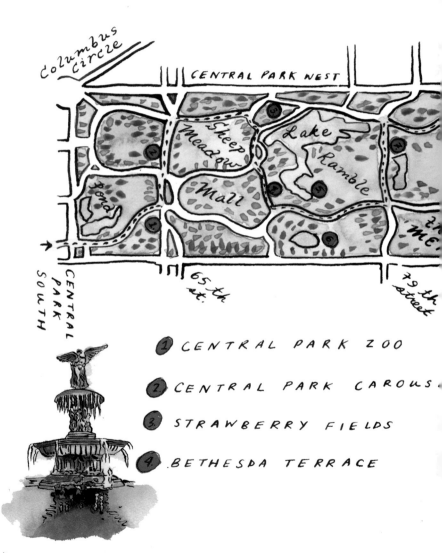

columbus circle

CENTRAL PARK WEST

Sheep Meadow

Lake

Ramble

Mall

Pond

Pond

CENTRAL PARK SOUTH

65th st.

79th street

the MET

① CENTRAL PARK ZOO

② CENTRAL PARK CAROUS

③ STRAWBERRY FIELDS

④ BETHESDA TERRACE

CENTRAL PARK NORTH

96th St.

97th St.

Jacqueline Kennedy Onassis Reservoir

5TH AVE.

DONT FORGET DUKE ELLINGTON!

5. THE LOEB BOATHOUSE

6. ALICE IN WONDERLAND

7. BELVEDERE CASTLE

8. DUKE ELLINGTON STATUE

VISITEZ
MALIN

- Les New-Yorkais, antipathiques ? C'est un mythe. Nous adorons rendre service alors n'ayez pas peur de demander votre chemin.

- Levez les yeux ! Une immense partie de la ville est dans le ciel. Ne restez pas le nez collé à votre téléphone.

- Découvrez le Metropolitan Museum of Art le soir. Il est ouvert jusqu'à 21 h le vendredi et le samedi. Visitez en priorité l'aile égyptienne.

- Le musée Guggenheim est ouvert jusqu'à 20 h du samedi au mardi, et gratuit de 17 h à 19 h 30 le samedi.

- Les galeries de Chelsea sont fermées le dimanche et le lundi.

- Si vous tenez à monter au sommet de l'Empire State Building, allez-y le soir. La "ville qui ne dort jamais" brille de mille feux la nuit et le dernier ascenseur monte à 1 h 15 du matin, 365 jours par an.

- Zappez la visite de la Statue de la Liberté et traversez plutôt la baie en bateau, d'où vous verrez bien mieux Miss Liberty et la skyline. La destination idéale : le LMCC's Arts Center, nouvel espace d'exposition contemporain sur Governors Island, ouvert l'été et accessible en ferry.

- Les ferries sont nos amis : ces taxis aquatiques relient les différents quartiers, permettent d'éviter la foule des transports en commun et ne sont jamais coincés dans les bouchons.

- Pour 10 $, offrez-vous une séance de yoga avec Yoga for the People.

- Pour décrocher des billets de dernière minute à Broadway, passez par les guichets TKTS à Time Square. Des tickets supplémentaires sont mis en vente chaque jour à 17 h.

- Découvrez les meilleurs restaurants à l'heure du déjeuner (Le Bernardin, Cosme, Casa Mono...)

- Les citibikes sont géniaux. Surtout pédalez sur votre voie !

- À la gare de Grand Central, admirez les constellations au plafond. Au coin nord-ouest de la coupole, vous verrez un carré foncé : il a été laissé en l'état après un ravalement pour montrer aux visiteurs les effets d'un siècle de suie.

THE ISAMU NOGUCHI FOUNDATION AND GARDEN MUSEUM
9-01 33RD RD (AU NIVEAU DE VERNON BLVD)
LONG ISLAND CITY, NY 11106

+1 (718) 204 7088

noguchi.org

25

PARTIR À LA
CONQUÊTE DU QUEENS

Attention, vous risquez de tomber amoureux du Queens.

À 20 minutes de Midtown, à Long Island City, le MoMA PS1 est l'un des plus grands musées d'art contemporain des États-Unis. Mais si vous préférez une expérience tactile pleine de sérénité, direction l'incomparable musée Noguchi, moins fréquenté. On déambule au milieu des installations en pierre, bois, cuivre et papier de cet artiste-designer japonais d'avant-garde.

Pas question de quitter le Queens le ventre vide. Jackson Heights est sans doute l'un des quartiers les plus cosmopolites au monde. Dans le Queens, ce ne sont pas moins de 6000 restaurants qui représentent fièrement les 120 nationalités de ce quartier.

À Little India (74e rue/Roosevelt Avenue), vous aurez plus que l'embarras du choix. Suivez un passage entre deux magasins de téléphones pour trouver Lhasa Fast Food, une cantine toute simple qui sert *momos* (raviolis de l'Asie du Sud) au bœuf et à la ciboulette et autres délices tibétains épicés.

MOMA PS1
22–25 JACKSON AVE
LONG ISLAND CITY, NY 11101

+1 (718) 784 2086 | moma.org/ps1

LHASA FRESH FOOD
81-09 41ST AVE
QUEENS, NY 11373

+1 (917) 745 0364

Mais pour trouver la quintessence de cette scène culinaire qu'on adore à New York, c'est à Woodside qu'il faut aller, chez Dawa. La gastronomie himalayenne mise en lumière par la cheffe Dawa Bhuti, son expérience dans les meilleurs restaurants de la ville, d'excellents produits locaux, tout est là.

DAWA'S
51-18 SKILLMAN AVE
WOODSIDE, NY 11377

+1 (718) 899 8629   dawasnyc.com

CRÉDIT : THE ODEON

LE RESTO QUI
TRAVERSE LES ÉPOQUES

On doit à Lynn Wagenknecht et aux frères Keith et Brian McNally certains des bars et restaurants les plus populaires de NY. En 1980, ce trio de restaurateurs a imaginé la brasserie new-yorkaise ultime dans une ancienne cafétéria des années 1930.

Fréquenté par des habitués créatifs comme Basquiat, Warhol, Calvin Klein, Madonna et De Niro, immortalisé dans le roman *Journal d'un oiseau de nuit* de Jay McInerney, The Odeon symbolisait une époque d'excès et de cocaïne. Même si son ambiance s'est considérablement assagie, ce restaurant reste une valeur sûre qui a traversé les époques. Il y en a pour tout le monde au menu ; loin d'un resto touristique, c'est un véritable pilier du quartier, destiné aux New-Yorkais. On espère très fort pouvoir en profiter encore ces quarante prochaines années.

THE ODEON
145 W BROADWAY
NEW YORK, NY 10013

+1 (212) 233-0507

88 PARFUMS DE GLACES (ET QUELQUES BULLES...)

Le paradis des glaces est celui où l'on vous propose sept parfums de vanille, six déclinaisons de chocolat, cinq versions de caramel, cinq de café et cinq de fraise... Et ça, c'est sans compter les parfums que l'on ne trouve nulle part ailleurs, comme pistache-shiso, banane-curry et pignon-sel et poivre !

Nicholas Morgenstern est le genre d'amoureux des glaces qui a rendu ce rêve possible. Sa boutique de Greenwich Village propose 88 parfums aux ingrédients irréprochables, sans additifs. La cerise sur le gâteau : un bar à sundaes où l'on peut aussi goûter un sublime combo burger-frites à la Morgenstern et un mini bar à cocktails, Morgenstern's Fizzy Bubbly.

Pour résumer, Morgenstern's Finest Ice Cream, c'est le bonheur.

 MORGENSTERN'S FINEST ICE CREAM
88 WEST HOUSTON ST
NEW YORK, NY 10012

+1 (212) 209 7684   morgensternsnyc.com

CAKES
BIG SLICE $11/A LA MODE $14

MILE HIGH COCONUT &
PANDAN CAKE
A LA MODE WITH BLACK CURRANT SORBET

MANHATTAN BLACKOUT
A LA MODE WITH CHOCOLATE & ASH
ICE CREAMS

ICE CREAM CAKES
BIG SLICE $13

PEANUT BUTTER WOLF
SALTED PEANUT BUTTER & CHOCOLATE
ICE CREAMS W/RAW MILK

VIETNAMESE COFFEE
VIETNAMESE COFFEE ICE CREAM &
COFFEE CRUMB CAKE W/WHIPPED CONDENSED
MILK

HIPPED

KIDS MENU
CUP/CONE $4

MINI MORGENSTERN
MINI VERSION OF THE CLASSIC MORGENSTERN
SALTED PRETZEL STANDARD

BUTTERSCOTCH BANGER $7.5
VANILLA ICE CREAM CARAMEL & CREAM

LITTLE LION HEARTED $5
HONEY ICE CREAM CHOCOLATE

SWEET DRINKS

HOUSE SODAS $2.5

FLOATS $8
TWO DIPS OF ANY ICE CREAM FLAVOR IN YOUR
CHOICE OF HOUSEMADE SODA

SHAKES $9/12
YOUR CHOICE OF ICE CREAM FLAVOR—
MAKE IT A COMBO BY ADDING $1!

COOLERS $8
YOUR CHOICE OF SORBET FLAVOR

AFFOGATO $6.5
ESPRESSO & ICE CREAM

Morgenstern's

ICE CREAM STANDARDS

CHOCOLATE DELUXE $13
CHOCOLATE CAKES, CHOCOLATE ICE CREAMS,
CHOCOLATE SORBET, CHOCOLATE WHIPPING CREAM

B&W PROFITEROLES $12
LABNE SORBET, CHOCOLATE SORBET,
LABNE AND CHOCOLATE SAUCES

PINEAPPLE DREAMS $6.5
ASH ICE CREAM, PINEAPPLE, AND LEMON

MATCHA & MELON SUNDAE $13
MATCHA ICE CREAM, CANTALOUPE SORBET,
GREEN TEA CAKES, PICKLED CANTALOUPE
WHIPPED CREAM AND SHAVED PISTACHIO

STRAWBERRY ICE CREAM SANDWICH
$11
STRAWBERRY JAM N' SOUR CREAM ICE CREAMS ON
BROWN SUGAR MILK BREAD

KING KONG BANANA SPLIT $20
FIVE SCOOPS OF ICE CREAM, BANANAS,
SESAME CARAMEL, PINEAPPLE, LUXARDO

SALTED CARAMEL PRETZEL $13
SALTED CARAMEL ICE CREAM W CARAMEL CAKES,
PRETZELS CARAMEL SAUCE AND WHIPPED CREAM

THE NEW GOD FLOW $12
MELTING RAW MILK ICE CREAM ON JAPANESE WHITE
BREAD WITH CARAMELIZED HONEY

HOT TIN ROOF PICOSO'S CLASSICS $12
OLD GRAND-DAD BOURBON VANILLA ICE CREAM,
HOT FUDGE, PICOSO'S PEANUTS, JUNIOR MINTS

AVOCADO ICE CREAM TOAST $6.5
AVOCADO ICE CREAM ON JAPANESE WHITE BREAD
OLIVE OIL,CONDENSED MILK AND SALT

ICE CREAM FLAVOR
CUP/CONE · 1 DIP $4.5 · 2 DIP
MONSTER CONE · 1DIP $5.5

PARLOR FAVORITES
SALT N' PEPPER PINENUT
CHOCOLATE OAT
FERNET BLACK WALNUT
BLACK LICORICE
AMERICAN EGG
GREEN TEA PISTACHIO
BURNT SAGE

VANILLAS
MADAGASCAR VANILLA
BOURBON VANILLA
BURNT HONEY VANILLA
FRENCH VANILLA
VANILLA CHIP
ANGEL FOOD VANILLA
BLACK PEPPER MOLASSES

CHOCOLATES
SALTED CHOCOLATE
BITTER CHOCOLATE
DUSTY GIANDUJA
ROCKIEST ROAD
SZECHUAN CHOCOLATE
CHOCOLATE
OLIVE OIL CHOCOLATE ORANGE

CARAMELS
SALTED PRETZEL
BUTTERSCOTCH
CARAMEL CREAM
SESAME CARAMEL
CINNAMON WHISK

AME
BUTT
EDIBL
CHOC
RUM
CHER
GINGI
PEAN
BLUEI
RAINE

COFI
VIETN
MOCH
COFFI
COFFI
COCO

STR
SMOKI
STRAY
PISTAC
SOUR
OLIVE

BAN
XMAS
BANAN
BANAN
BANAN
BANAN

QUICK CUPS
TO-GO
$5

FLAVORS

BURNT HONEY VANILLA

SALTED CHOCOLATE

SALTED CARAMEL PRETZEL

VIETNAMESE COFFEE

GREEN TEA PISTACHIO

SMOOTH & DELICIOUS
STRAWBERRY

EDIBLE SCHOOLYARD
MINT CHIP

CASH
ONLY!

PLEASE KEEP
SERVICE DOOR
CLEAR OF
OBSTRUCTION
AT ALL TIMES

THANKS YOU!

LE MEILLEUR SANDWICH
AU PASTRAMI

Katz's, ce n'est pas seulement la perspective de dévorer un sandwich de seigle au pastrami : c'est l'atmosphère, l'énergie, la joie à l'état pur. On a l'eau à la bouche dès que l'on pousse les portes et que l'on obtient son fameux ticket orange qui permet de suivre ses commandes et de payer à la fin.

Depuis 1888, Katz's a connu plusieurs vies, sans jamais cesser de bien recevoir les habitants du quartier avec un menu savoureux. À la fin du XIXe siècle, lorsque les immigrants juifs font de New York la capitale mondiale du théâtre yiddish, Katz's se voit propulsé QG de cette communauté. Depuis, il est le chouchou des célébrités (comme en témoignent les photos ultra-kitsch sur les murs). Mais c'est surtout pour son authenticité et sa constance que les New-Yorkais adorent Katz's.

NOTRE CONSEIL : commandez un sandwich de pain de seigle, pastrami et moutarde, servi avec des cornichons délicieusement relevés, c'est tout. On adore aussi le coleslaw.

 KATZ'S DELICATESSEN
205 EAST HOUSTON ST
(AU COIN DE LUDLOW ST)
NEW YORK, NY 10002

+1 (212) 254 2246   katzsdelicatessen.com

- SYLVIA WEINSTOCK -

LEÇONS DE VIE D'UNE AUTHENTIQUE NEW-YORKAISE
ET D'UNE EXTRAORDINAIRE PÂTISSIÈRE

Où avez-vous grandi ?

À Williamsburg, au coin de la 8e rue Nord et de Bedford Avenue, dans un appartement sans eau chaude ni chauffage. J'ai fait mes valises pour me marier à 19 ans et je ne suis jamais retournée par là-bas... L'autre soir, j'étais à Williamsburg pour dîner au Wythe Hotel et j'ai failli y aller. Mais comme je ne crois pas aux retours en arrière, j'ai passé mon chemin. Ce chapitre de ma vie est terminé. Apprendre à aller de l'avant, ça sert.

J'adore être âgée.
On me passe
beaucoup de bêtises.

Depuis combien de temps vivez-vous à Tribeca ?

Depuis 1983, et je n'ai pas l'intention d'en partir. Pour que je m'en aille, il faudra me porter !

À quoi ressemble votre New York ? Votre Tribeca ?

La ville a tant de facettes différentes... Il y a l'Upper East Side, où les trottoirs sont lisses et neufs, où tout le monde vit dans des appartements cossus et où personne ne se connaît. À Downtown, c'est une autre histoire. Ici, tout le monde se parle dans la rue, dans l'ascenseur... Après un accident il y a deux ans, j'ai eu une canne. On n'arrêtait pas de me proposer de l'aide pour traverser la rue, porter mes colis... Ce quartier a quelque chose de chaleureux. Les gens s'entraident. Ils se tirent vers le haut. Ils disent : "C'est un joli manteau que vous avez là !".

En quoi Tribeca a-t-il changé depuis votre arrivée ?

Avant, les lofts de Tribeca étaient tous des usines. Les artistes ont débarqué, ils vivaient dans des lofts de 450 m² pour 20 $ par mois. Les propriétaires ont vu là une manne potentielle : ciao les artistes ! Aujourd'hui, certains loyers atteignent 15 000 $ par mois et ce sont des familles qui y vivent !

Où aimez-vous aller manger ?

Chez moi. Je cuisine pour les chefs des plats simples qu'ils sont heureux de manger ailleurs qu'au restaurant. Et quand je vais au resto, je reste autant que possible autour de chez moi pour faire vivre mon quartier. Je vais chez Odeon, Frenchette, Petrarca. Je suis allée chez Tamarind l'autre jour. Il y a longtemps, quand j'étais étudiante, un menu avec trois plats coûtait 1,95 $. La vie était différente. On ne voit plus de pièces de 5 cents de nos jours.

Quelle était votre profession ?

J'ai géré la pâtisserie Sylvia Weinstock Cakes pendant 40 ans, avec une clientèle extraordinaire.

Beaucoup de nouveaux venus trouvent New York trop intense. Que leur répondez-vous ?

New York a du caractère, mais elle n'est pas stressante. Tout dépend de votre vision des choses. La façon dont les gens parlent, la façon dont ils marchent... vous le ressentez. Ici on a l'esprit ouvert : les tatouages jusqu'au cou, ça ne passerait pas dans le Midwest. C'est pour ça que les gens viennent à New York, parce que la ville est tolérante et passionnante.

New York est-elle toujours palpitante ?

Ça dépend pour qui. On peut rester dans un fauteuil roulant et attendre la mort. On peut aussi sortir déjeuner, parler aux jeunes et écouter ce qu'ils ont à dire. Les gens sont passionnants. Vivre ici donne de l'énergie.

SE BAIGNER
SOUS NEW YORK

Pénétrer dans les Aire Ancient Baths à Tribeca, c'est un peu comme entrer dans une autre dimension. Dans une ancienne usine textile de 1833 aux sublimes poutres et briques apparentes, la piscine thermale est plongée dans une pénombre apaisante, une quiétude sensuelle. C'est l'endroit idéal pour se couper du bruit et du chaos de la ville (et se croire à Rome au Ve siècle). Les infrastructures et les soins sont dignes d'un hôtel cinq étoiles.

De nombreuses prestations sont destinées aux couples (d'ailleurs, c'est un spot apprécié des amoureux), comme le bain de Ribera del Duero, un vin rouge espagnol. Nous, on préfère se faire un gommage au sel de mer avant de se laisser flotter dans la sérénité de la piscine d'eau salée.

 AIRE ANCIENT BATHS
88 FRANKLIN ST
NEW YORK, NY 10013

+1 (646) 878 6174

beaire.com
bookingnytribeca@beaire.com

L'HÔTEL DE
TOUTES LES SOIRÉES

Et si on allait danser ?

C'est LA question récurrente à New York. Nous vous proposons deux options originales et inoubliables, toutes deux au Roxy Hotel à Tribeca.

Descendre en sous-sol dans le club de jazz The Django, c'est un voyage vers les années folles parisiennes. Des crooners en costume rétro vous jouent la sérénade, vos pieds n'ont d'autre choix que de danser.

 THE ROXY HOTEL TRIBECA
2 6TH AVE
NEW YORK, NY 10013

+1 (212) 519-6600   roxyhotelnyc.com

Pendant ce temps, chez Paul's Baby Grand, antre rose créée par le légendaire Paul Sevigny, les DJs enchaînent les tubes feel-good de toutes les époques. C'est de cet endroit que Mark Ronson parle dans sa chanson *Leaving Los Feliz*. Depuis le dance floor, admirez les tableaux du jeune prodige contemporain Josh Smith.

Anecdote : Roger, l'élégant gentleman aux cheveux blancs qui prépare les cocktails, fut le premier fiancé de Madonna à son arrivée à New York.

NOTRE CONSEIL : dites que vous venez de la part de Tarajia et on vous laissera très probablement entrer !

THE DJANGO
THE ROXY HOTEL TRIBECA
2 6TH AVE
NEW YORK, NY 10013

thedjangonyc.com

PAUL'S BABY GRAND
THE ROXY HOTEL TRIBECA
2 6TH AVE
NEW YORK, NY 10013

roxyhotelnyc.com/dining/pauls-cocktail-lounge

L'entrée au lounge est à la discrétion du vigile

**Dans la collection "Soul",
la 31ᵉ adresse ne vous sera jamais révélée
car elle est trop confidentielle. À vous de la trouver.**

LE SECRET
DE SAISON

Si vous vous trouvez dans un bar intime aux lambris anciens, vous y êtes presque. Impossible de vous dire quoi commander : c'est au bon vouloir du chef spécialisé en *kaiseki* – plats japonais de saison réalisés avec les meilleurs produits locaux. Nous vous conseillons de vous en remettre à lui et d'apprécier le voyage.

 PASSEZ PAR LE "HALL"

Réservation obligatoire
odo.nyc

MERCI À

FANY PÉCHIODAT pour m'avoir donné l'opportunité de retomber amoureuse de la ville où je suis née.

LIZ BARCLAY ET ABBIE ZUIDEMA pour leur persévérance, leur générosité et leurs images magnifiques qui donnent vie à ce livre.

THOMAS JONGLEZ pour sa vision contemporaine dans ses guides écrits pour les voyageurs curieux et modernes.

ÉMILIEN CRESPO pour les chansons, pour avoir parlé de moi à Fany et m'avoir encouragée à partager mon New York.

ANNA POLONSKY ET FERNANDO ACIAR pour avoir partagé leur passion avec moi et pour m'avoir présenté leurs amis foodies du monde entier.

NASTASSIA LOPEZ pour son écoute, sa relecture, ses conseils et son amitié.

ADAM PLATT pour m'avoir fait autant rire, et pour avoir compris bien avant notre rencontre à quel point les restos sont essentiels à la vie.

SYLVIA WEINSTOCK pour avoir partagé sa grande sagesse et son enthousiasme contagieux pour la vie.

MAMA CATHY MORRELL pour son soutien et son œil de lynx éditiorial.

PAPA PETER MORRELL pour m'avoir appris depuis toute petite à aimer les restos de toutes sortes, du burger au gastro.

Le livre a été réalisé par :
Tarajia Morrell, auteure
Liz Barclay, photographe
Abbie Zuidema, illustratrice
Audrey Favre, traductrice
Ludovic Lecomte, correcteur
Emmanuelle Willard Toulemonde, mise en page et relecture
Nathalie Chebou-Moth, responsable d'édition
Clémence Mathé, relecture et édition

Vous pouvez nous écrire à contact@soul-of-cities.com
Rejoignez-nous sur Instagram sur @soul_of_guides

4ᴱ DE COUVERTURE : ©VICTOR TOULEMONDE

© JONGLEZ 2021
Dépôt légal : Octobre 2021 - Édition : 01
ISBN : 978-2-36195-393-5
Imprimé en Slovaquie par Polygraf